L'AVENEMENT

DE

TITUS A L'EMPIRE.

L'AVENEMENT

DE

TITUS A L'EMPIRE,

BALLET ALLÉGORIQUE

Au sujet du Couronnement du Roi.

DÉDIÉ A LA REINE.

Par M. GARDEL, Maître à danser de la REINE & de ses Bals; premier Danseur de l'OPÉRA, & Compositeur des Ballets de la Cour, en survivance.

A PARIS,

Chez MUSIER Fils, Libraire, rue du Foin.

M. DCC. LXXV.

A

LA REINE.

MADAME,

COMBLÉ de vos bienfaits, je
'desirerais pouvoir vous en témoigner

ma reconnaiſſance : *VOTRE MAJESTÉ* ajoute à toutes les bontés dont Elle m'honore, celle de me permettre de lui dédier ce faible Ouvrage. Puiſſe-t-il occuper quelques momens une Reine ſi juſtement adorée.

Je ſuis avec un très-profond reſpect,

MADAME,

DE *VOTRE MAJESTÉ*,

Le très-humble, très-obéiſſant
Serviteur, & très fidèle Sujet,
GARDEL.

DISCOURS

PRÉLIMINAIRE.

L'on fera peut-être furpris que je faffe imprimer ce Ballet qui ne peut être auffi intéreffant à la lecture qu'à la repréfentation, où la beauté du Spectacle eft une partie fi effentielle. C'eft beaucoup rifquer que de me faire juger fur un fimple récit ; j'euffe préféré de l'être fur la fcène ; mais des raifons particulières ont empêché qu'il ne fût repréfenté à la Cour : & on n'a pas ofé rifquer à l'Opéra un genre de Ballet inconnu dans ce pays-ci, genre qui eût nécessairement entraîné des dépenses excessives.

Il faut que le Lecteur, pour bien juger cet essai, se fasse une juste idée des tableaux, des grouppes, des attitudes, & de l'action que doit produire chaque situation. Ces tableaux, ces grouppes, ces attitudes, font au Maître de Ballet, ce que le style & la versification font au Poëte; l'on conviendra que quand le fond de l'ouvrage est fait, il ne faut plus pour l'exécution, que du feu, du goût, la connaissance de son art, celle de l'effet théatral & du caractère de ses personnages.

Le Ballet d'action doit être la peinture animée de la nature; en effet, rien ne peut mieux exprimer les différentes affections de l'ame,

que

que la figure qui reçoit toutes ces impulfions. Il eft reconnu que les fentimens auxquels nous fommes fujets, portés à leur dernier période, s'expriment le plus fouvent par le filence ; ainfi le chagrin, le plaifir, l'étonnement, l'effroi, l'amour, la crainte, le défefpoir, la colère, ôtent la parole, & produifent une action muette plus expreffive que l'éloquence la plus vigoureufe ; d'où il faut conclure que cette action eft le premier effet parlant des fenfa-tions, auffi faut-il que le Maître de Ballets qui les met en œuvre, faififfe ce premier moment, le feul qui peigne le fentiment.

C'eft fur ce miroir de l'ame, que nos anciens ont imaginé le Ballet d'action. Quelle immenfe carrière

B

ils ont donnée à parcourir, & quelle fource intariffable dans l'étude de la nature ! c'eft en l'obfervant & en la prenant pour modèle, qu'un Maître de Ballets peut fe promettre les plus grands fuccès. C'eft donc vers ce but qu'il doit diriger fes travaux, & par cette étude approfondie, il pourra marcher au rang des Poëtes, des Peintres, des Muficiens & des Artiftes les plus célèbres. Telle étoit l'idée de Lucien, dans fon Apologie de la Danfe, contre un Fâcheux de fon tems qui en condamnait l'ufage. Outre le génie poétique, ce profond Ecrivain exige des Maîtres de Ballets, la connaiffance de la Mythologie, de l'Hiftoire, de la Mufique, de la Nature, & même de la Géométrie.

Je ne m'étendrai pas fur ce qui a été écrit de la Danfe & de fon origine, de fes progrès, de fa décadence & de fon renouvellement; on connaît à ce fujet plufieurs Ouvrages eftimables. Je me contenterai de préfenter un tableau fuccinct, qui amenera le Ballet que je mets au jour, & qui fervira à faire connaître comment ce genre fi eftimé & fi connu chez les anciens, s'eft affoibli, à mefure que le méchanique de la Danfe a augmenté.

L'on fait que les Juifs firent fervir cet art dans leurs Fêtes folemnelles, & dans d'autres occafions où ils voulaient témoigner leur reconnaiffance au Dieu de leurs pères. Les Egyptiens l'admettaient auffi dans leur culte; les Prêtres enveloppèrent leurs

B 2

mistères d'un voile impénétrable qui favorisait leur ambition, & donnait à la Danse une majesté imposante. Leurs premières imitations furent le mouvement des astres qu'ils cherchaient à rendre en tournant autour d'un autel qu'ils regardaient comme le Soleil. Dès ce moment jusqu'à la perfection où la portèrent les Romains, on voit la Danse par-tout imitative.

La Danse ne fut donc dans les premiers tems qu'une expression naïve de la joie & de la reconnaissance. Des yeux plus pénétrans, un génie plus étendu, l'amour du plaisir, tout fit découvrir les effets plus frappans dont elle était susceptible. Bientôt l'arrivée du Bœuf Apis fournit d'autres sujets plus élevés ; on

célébra la naissance d'Osiris, ses
exploits, ses amours & son couronnement.

Orphée, après avoir parcouru
l'Egypte, retourna chez les Grecs,
& leur donna une idée de la Danse :
bientôt ce peuple ingénieux surpassa
ses maîtres par sa magnificence. Avant
cette époque on ne connaissait que
les exercices qui servaient à déve-
lopper, à fortifier la nature, à lui
donner de l'adresse, de la légereté,
de la souplesse. Ces jeux furent
dictés par le penchant naturel de
l'homme, qui s'y trouve porté dès
sa naissance. La nature ne s'est point
démentie jusqu'à nous, & nous nais-
sons en général avec les mêmes
goûts ; aussi est-il essentiel de laisser
aux jeunes gens la liberté de se

livrer à ces sortes d'amusemens qui ne peuvent que leur être avantageux.

Ce qui acheva de déterminer le goût pour la Pantomime , ce qui porta tout le monde à l'adopter , fut la vénération pour les Oracles.

En effet un Oracle déclara qu'un danseur devait se faire entendre par le geste seul ; aussitôt on adopta ce genre, qui devint par la suite le plus bel ornement du Théatre, & qui marcha de front avec la Tragédie.

Qu'est devenu ce tems où la Danse formait un corps particulier, & se suffisait à elle-même , où la nature & tous les évenemens de la vie étaient tracés par une action intéressante & pittoresque ? Les anciens ont bien senti l'avantage de ce tableau magique en le faisant servir à la législation, aux mysteres & aux mœurs.

Quant à la partie Théatrale, ce fut d'abord un simple intermède, qui, en amusant les yeux du Spectateur, laissait aux Acteurs le tems de se reposer. Ces danses s'exécutaient dans la partie du Théatre qu'ils appellaient *Orchestre*, mot qui exactement signifie danser. Ce n'était point un art soumis à des règles : la nature seule dictait leurs mouvemens (*). Il est aisé de se per-

_____

(*) On pourrait dire, d'après un célèbre Journaliste, que ces danseurs se contentaient *de balancer les bras, ou de lever alternativement les jambes, sans autre objet que de ne pas rester toujours sur deux pieds.* Pour s'exprimer ainsi,

suader que l'art de la danse & de
la pantomime était encore dans l'en-
fance, & que l'on ne connaissait de
règle, que celle d'imiter servilement
les sujets historiques que l'on représentait. Nous verrons par la suite
qu'elle a acquis chez les Romains
la consistance qui l'éleva & qui la
mit au rang des arts utiles & agréables, en corrigeant les mœurs, &
en charmant les loisirs des plus gra-
ves personnages.

Après la fondation de Rome,
Numa crut qu'il serait à l'avantage

---

il faut que l'Auteur du Journal de Politique &
de Littérature n'ait vu la danse que dans les li-
vres des anciens. Les occupations du Barreau &
celles du Cabinet, ne lui ont pas permis de
jetter un coup d'œil favorable sur l'art méchanique de la danse de l'Opéra, que toute l'Europe avoue être portée au dégré le plus haut.

de

de l'Empire, d'établir une Religion qui le conduirait en même tems au but glorieux qu'il se proposait. Il forma un Collège de Prêtres, dont les fonctions étaient de servir l'autel de Mars, & pour rendre ces fonctions plus augustes, il imagina la Danse salique. Chaque Divinité que Rome & l'Italie adoptèrent, eut son culte & ses danses particulières. Sur les mêmes principes, les Perses, les Indiens, les Gaulois, les Bretons, les Germains, les Espagnols & tous les autres Peuples que nous connaissons, instituèrent des Temples & des Prêtres, dont l'état était de danser; ainsi tout le monde dansa.

Rome, servile imitatrice des Grecs, ne tarda pas à se procurer un genre qui faisait les délices de ses modèles.

C

Elle fut favorisée par l'arrivée de Pilate & de Batilde. Ces deux hommes rares, qui ont porté au dernier degré de perfection l'art de la Pantomime, occasionnèrent dans Rome des révolutions étonnantes (*). On

---

(*) Il serait possible cependant de croire que les Romains n'étaient pas aussi bon pantomimes que l'on veut nous le persuader. Un danseur pantomime doit rendre toutes les actions avec tant d'art & de naturel, que le public se trouve agréablement trompé par le charme de l'illusion. Cependant quand on représentait à Rome dans un Ballet, Mutius Scévola arrêté dans le camp de Porsenna, on prenait un criminel pour jouer le moment où le Roi lui ordonne de se brûler la main : on fit suffoquer dans une étuve un autre malfaiteur, pour peindre avec plus de vérité Dédale, que Caucalus fit périr de cette manière ; les Bacchantes déchirèrent Orphée avec autant de barbarie, & ce qui est fort singulier, c'est qu'il y avait des hommes assez ennemis d'eux-mêmes, qui se louaient pour

ne les voyait qu'avec enthoufiafme,
& l'on peut comparer le goût des
Romains pour ces fortes de fpecta-
cles, à une efpèce de frénéfie.

Bientôt ces deux hommes don-
nèrent à ce nouvel art, des règles
indifpenfables pour l'intérêt, la marche, & la pompe du fpectacle. Ces
règles font les bornes dans lefquelles
le génie doit fe renfermer; c'eft un
frein qu'on lui impofe, pour ne pas
parcourir une étendue trop grande
qui ferait perdre de vûe l'objet qu'il
veut peindre. Unité d'action, expofi-

---

porter, pendant quelque tems, la chemife
d'Hercule toute brûlante; il n'eft pas difficile
de rendre avec vérité de pareilles actions, & je
fuis perfuadé que s'il fallait paffer par toutes
ces épreuves pour être bon pantomime, il y en
aurait fort peu de nos jours.

C 2

tion claire, développement de caractère & d'intrigue, qui conduise à l'intérêt & qui fasse naître un dénouement qui étonne ; voilà les règles imposantes du Ballet d'action, & sur lesquelles il faut que le génie & le goût versent les plus beaux ornemens.

A l'époque de la destruction de l'Empire , les Arts se trouvèrent engloutis sous ses ruines. Ils reposèrent longtems avant que l'on ait pu les retirer du néant, où ils étaient endormis.

La Religion Chrétienne crut la danse utile, & l'adopta dans plusieurs cérémonies; on dansait sur des Théatres que l'on nommait *Chœurs,* placés près de l'autel. La veille des fêtes solemnelles , on chantait des cantiques & des hymnes en sautant à la porte des Églifes ; & ces hymnes & ces cantiques étaient pour les chrétiens, une expreſſion pure & touchante, qui faiſait leur félicité.

La licence & la débauche s'introduiſirent à la ſuite de pluſieurs farceurs qui vinrent corrompre ce plaiſir pur, cet encens que l'on offrait à la Divinité ; l'on ſe livra ſans réſerve au libertinage : l'Églife, par un prompt reméde, arrêta ce mal en proſcrivant la danſe, & il n'échappa à cette deſtruction que quelque jours de fêtes, comme la Saint Jean, &c. où l'on danſe encore dans pluſieurs villes de Province.

Il eſt conſtant que l'art de la Danſe, porté à ce degré de dépravation, pouvait influer ſur la conduite, le caractère & les mœurs ; cependant ce n'est point à l'art qu'il aurait fallu s'en prendre, si des ames basses & grossières en ont fait un abus révoltant. Ces mêmes farceurs auraient dégradé par leur libertinage, tout autre objet plus sérieux & plus conséquent : mais la danse par elle-même ne nous offre rien qui puisse choquer la modestie, depuis son établissement jusqu'à nous. Cet art peut être regardé sous deux points de vûe très-utiles : le premier, qui sert à l'éducation, est presqu'indispensable ; d'ailleurs il conduit à des plaisirs aussi honnêtes que piquans. Le second est la partie Théatrale qui fait l'ornement d'un spectacle adopté & chéri de la nation.

L'époque la plus heureuse & la plus intéressante pour les amateurs de l'Opéra, & pour les talens qui concourent à fa perfection, eft l'inftant où Catherine de Médicis réveilla les Arts, en les encourageant & en les protégeant. Je paffe fous filence plufieurs fortes de fêtes données fans goût, fans deffin & fans ordre ; mais je dois m'arrêter à celle qui fut repréfentée au Mariage *de Galeas*, *Duc de Milan*, avec Ifabelle d'Arragon : on prétend que c'eft à cette fête que nous devons l'origine du Théatre de l'Opéra. Elle eft remplie d'imagination ; mais il y manque cet intérêt indifpenfable dans tous les fujets allégoriques (*).

(*) J'ai cherché dans plufieurs Auteurs qui ont parlé de la Danfe, fans avoir pu trouver cette anecdote. M. de Cahufac eft le feul qui en parle ; il eft à préfumer qu'il n'a point avancé ce fait, fans en avoir été bien certain.

C'est sur le plan de cette superbe fête, qu'*Ottavio Rinnuccini*, & *Giacomo Corssi*, construisirent la première charpente de l'Opéra. Ce n'était encore qu'une masse informe; mais par succession de tems, ce théâtre se perfectionna avec la Musique qui en devint le principal ornement. A l'exemple des anciens, on n'admit la danse que comme détachée & tout-à-fait étrangère au sujet que l'on cherchait à exprimer. A chaque entr'acte on donnait un Ballet, dont le sujet, tiré ou de l'histoire ou de la fable, formait par lui seul un autre événement. Les Italiens ont toujours conservé depuis ce tems la même marche dans tous leurs Opéra, si vous en exceptez celui d'Orphée qu'ils ont composé à l'imitation de

notre

notre Caftor, où l'on a intimément lié la danfe à l'action.

La Pantomime reprit donc fa forme primitive, & fe répandit dans toutes les Cours de l'Europe : l'on voit même de tous côtés des Ballets hiftoriques, fabuleux, poëtiques, moraux, allégoriques & ambulatoires. Il y en avait encore qui n'étaient fouvent que le fruit d'une imagination réfléchie quelquefois, & déréglée la plûpart du tems (*).

(*) La plûpart des Ballets de ce tems font d'un ridicule affreux. Le Duc de Némours, fous Louis XIII, avait tellement la fureur de la compofition des Ballets & de la Danfe, qu'étant pris fortement de la goutte & ne pouvant figurer dans plufieurs de fes productions, il imagina de faire un Ballet de Goutteux, dans lequel il pût figurer. Après s'être fait apporter fur le théatre, il danfa avec une canne en

D

La France seule n'avait point encore connu la supériorité d'une action suivie : l'on dansait simplement , les habits seuls servaient à faire connaître chaque caractère que l'on voulait représenter , & l'on ne voit à ce sujet, dans toutes les descriptions de ces Fêtes , qu'une foule d'idées vagues & sans suite.

Je distinguerai cependant les Carousels, les Tournois & les Fêtes militaires ; rien de plus beau , rien de

----

faisant des gestes & des grimaces qui exprimaient la douleur. Je ne serais pas étonné qu'un Ballet de ce genre, donné sur un de nos théâtres, ne trouvât de zélés partisans. L'on ne veut plus que de la pantomime bonne ou mauvaise, & la danse, selon certaines personnes, est du plus mauvais goût ; on est rarement content de ce que l'on possède, & le désir d'un plaisir imaginaire, combat & trouble toujours celui qu'on est à même de goûter.

plus majestueux. Remplis d'une foule d'incidens, ces spectacles n'étaient faits que pour les yeux. Catherine de Médicis s'en servit avec succès, & l'on ne voit pendant ce tems que fête sur fête. La malheureuse avanture de Henri II (*) affaiblit le goût des Tournois, mais non celui de la danse où l'on ne courait aucun de

---

(*) On sait que Henri II reçut, dans un Tournois, un coup de lance qui lui creva l'œil, & dont il mourut quelque tems après. Mongommery fut celui que Henri II choisit pour combattre avec lui; ce Gentil-homme avait la main malheureuse, car jouant avec François premier, il le blessa à la tête d'un coup de tison, qui leur servait apparemment de balle; la blessure fut si forte que ce Prince se vit obligé de se faire raser les cheveux, & ce costume dura jusques sous Louis XIII, où l'on reprit l'usage ancien. Cet accident aurait dû rendre Mongommery plus circonspect.

D 2

ces risques. Depuis ce tems elle fit toujours des progrès. Le père du Peuple & le protecteur des talens, Henri IV, acheva de la mettre en vigueur. L'on voit avec plaisir cet auguste Prince, se délasser de ses pénibles travaux, dans des fêtes dont il faisait le principal ornement. Le brave Sully, le second père de la France, fut ordonnateur & quelquefois même acteur dans les divertissemens que l'on donnait à son Prince.

L'établissement de l'Opéra acheva les progrès de la danse. Le célébre Quinaut, qu'un génie vaste portait à prévoir les grands effets, imagina une forme nouvelle, aussi heureuse qu'ingénieuse; il crut indispensable de joindre à l'action principale, les agrémens d'une danse quelquefois expreffive, qui fervait d'épifode, en faifant en même tems corps avec le fujet. Il la fit parler dans les momens néceffaires, & l'employa dans les fêtes comme art méchanique. S'il eut été auffi bien fecondé dans cette partie par le Muficien, qu'il l'a été dans la déclamation, certainement fes Opéra feraient des chefs-d'œuvres inimitables.

Il n'appartenait qu'au génie créateur de la mufique, à fon imagination, à fon feu, d'inventer un genre qui fait tant d'honneur à la nation. Il a deviné ce que les danfeurs ignoraient eux-mêmes ; auffi le regardons-nous avec juftice, comme notre premier Maître. Dans les tableaux qu'il a peints, dans les chœurs & dans les effets muficals, il ne s'eft pas moins élevé au-deffus de fes rivaux, que dans la compofition. Si l'on peut faire un reproche à ce grand homme, c'eft d'être venu dans un tems où les Muficiens, les Chanteurs & les Danfeurs n'avaient alors qu'une faible connaiffance de leur art. Il les a lui-même formés. Quel Muficien pourrait entrer en concurrence avec lui, fi le hazard l'avait fait naître cinquante ans plus tard, ou que la mufique eût été portée au point où elle l'eft actuellement? Mais fans lui eût-elle fait les mêmes progrès? Cette queftion eft auffi délicate, qu'elle eft difficile à réfoudre.

La mufique eft fans contredit l'ame de la danfe (*), qui lui eft fubor-

_____

(*) Il eft certain que la mufique a un pouvoir bien extraordinaire fur nos fens; elle les

donnée, & qui la fuivra dans toutes
fes révolutions. Lorfque le danfeur

---

flatte, les ravit, & même s'en empare à tel
point, que nous oublions quelquefois les parti-
cularités qui nous intéreffent le plus. Les ani-
maux, dont les organes font en général fins &
délicats, éprouvent des révolutions qui atteftent
tent que certain genre d'harmonie leur eft pro-
pre. Je me fuis plû à remarquer qu'en jouant
de la harpe, un chien de chaffe qui m'appartenait, écoutait les fons de cet inftrument avec
un plaifir qui fe manifeftait clairement, en ce
que fes yeux & fes oreilles changeaient à mefure que je variais. Les diffonnances paraiffaient
lui faire de la peine; attentif à remarquer les
diverfes impreffions qu'il éprouvait, j'en vins
à faire des accords faux, fans harmonie & fans
fuite, alors il me quittait; mais un certain ron-
deau, auquel il était attaché, le ramenait, &
quelques fois même, il venait dans cet inftant
me careffer.

Les anciens ont remarqué combien la Mufique avait d'empire, & ils ont pouffé leurs ob-
fervations jufqu'à connaître les différens inftrumens propres à chaque animal : la trompette

se pénétrera du genre de Musique
qu'il aura à parodier, il faudra néces-

---

fut celui que l'on choisit pour la cavalerie. Par
le moyen de cet instrument, on faisait faire
aux chevaux des évolutions qui ressemblaient à
une espèce de danse. Aristote prétend que les
Sybarites sont les premiers qui ayent dressé
leurs chevaux à la danse ; cette découverte leur
fit perdre une bataille par la ruse des Crotoniates avec lesquels ils étaient en guerre. Ces
derniers, instruits que les Sybarites avaient
une espèce d'air qui servait à faire danser les
chevaux, qui effectivement caracollaient de
toutes les manières dès que l'on jouait cet air, le
firent secrettement apprendre à leurs trompet-
tes, & au moment où la bataille s'engagea, les
Crotoniates firent sonner l'air du ballet. Aussitôt les chevaux des Sybarites se mirent à danser, à caracoller & à faire leurs différentes figures sans qu'on pût jamais les retenir. Les ennemis profitèrent de ce désordre, & taillèrent les
Sybarites en pièces.

On prétend que les Cardiens furent défaits
par le même stratagême dont se servirent les
Bizaltes.

saivement

fairement, pour bien connaître les effets, les détails & les caractères de l'air, qu'il foit muficien confommé, ou que la nature l'ait doué d'un tact & d'une oreille parfaite ; fans ce fecours, il eft néceffairement mono-tone, & il revient toujours aux mêmes pas, qu'il arrange fur toutes les tailles : à cet égard la danfe a fait des progrès qu'il ferait difficile de furpaf-fer. La grande exécution, la variété des pas, fimples & compofés; l'imi-tation des airs, & les attitudes fortes, marquées & agréables, démontrent évidemment que la nature eft pref-que foumife aux procédés de l'art.

Autant la danfe s'eft perfectionnée à l'Opéra, autant la pantomime a paru s'affaiblir. Il eft aifé de fe per-fuader que les maîtres de Ballets &

E

les premiers danseurs, ont eu beaucoup de part à ce retardement, par
les défauts de génie, d'ame, d'étude, de soins, ou d'occasion favorable ; peut-être aussi que les anciens
directeurs, tenant à la forme primitive
de ce spectacle créateur qui était le seul
où l'on dansait effectivement, se sont
opposés à l'avancement de la pantomime, qui n'était que de petites intrigues,
analogues au moment de la scène.
D'après cela tous les danseurs se sont
livrés à l'étude pénible & fatiguante
de l'exécution, qui a toujours fait le
fond des divertissemens de l'Opéra.

Si les Ballets d'action, que l'on
représentait dans différentes Cours
de l'Europe, eussent été portés au
degré de perfection qui leur est abso-
lument nécessaire, on aurait peut-

être osé risquer des dépenses pour en donner à l'Opéra, & ce spectacle se serait enrichi d'un nouveau genre, qui en aurait augmenté la gloire & la magnificence. De tous les maîtres de Ballets qui ont travaillé aux Ballets d'action, M. Noverre, homme d'un rare talent, qui s'est livré à cette partie, est parvenu par ses recherches à être regardé comme le restaurateur de ce genre. Le desir de se faire une réputation, lui a fait prendre son essor dans les Cours étrangères, où son génie ne se trouvait pas resserré dans des entraves perpétuelles. Il a bien senti qu'il n'en était pas de même à l'Opéra, où il faut que le maître de Ballet soit subordonné aux Directeurs, aux Auteurs, à la dépense, aux décorateurs, aux sujets, aux circonſtances & au goût du Public.

Beaucoup de perſonnes qui ſen-
tent vivement & qui s'intéreſſent
aux progrès de l'art de la Danſe,
deſirent ardemment que l'on donne
ſur notre Théatre de grands Ballets
d'action ; il ſerait à ſouhaiter que
l'on cédât à leur empreſſement : de
mon côté, je ferais dans cette nouvelle carrière de nouveaux efforts
pour mériter les ſuffrages du Public,
dont j'ai toujours été ſi jaloux ; & c'eſt
dans cette vûe que je me ſuis livré à
des recherches analogues à ce genre.

Il n'eſt peut-être point d'occaſion
plus favorable que l'heureuſe révo-
lution qui vient d'arriver dans notre
muſique. Le fond des Opéra n'eſt
pas ſuffiſant pour fournir à l'empreſſement que les Français ont pour

la nouveauté; on est à chaque instant obligé de se reproduire, & il ne nous reste que très-peu d'ouvrages, que leur bonté met à l'abri des révolutions; le vrai beau est de tous les tems & de toutes les nations. Il serait possible, à ce qu'il me semble, de donner à ce spectacle un secours qui ne lui serait qu'avantageux, en substituant dans des fragmens un Ballet d'action à un acte détaché. Le succès ne pourra en être douteux, toutes les fois que le sujet sera bien choisi, bien composé, bien exécuté, & soutenu d'une musique pittoresque. D'ailleurs la réussite de plusieurs Ballets de ce genre, doit faire voir ce que l'on peut en attendre.

Cependant je suis éloigné de croire que de telles pantomimes se trou-

vent bien placées dans le courant
d'un Opéra. Un Ballet d'action,
tiré de l'histoire ou de la fable, &
traité dans le grand, devient trop
important par lui-même, pour servir
d'épisode. De l'innovation faite dans
plusieurs Opéra, il résulte un défaut
inévitable, en ce que l'épisode écrase
l'ouvrage principal : on conviendra
qu'un intérêt coupé par un autre intérêt plus resserré, & par conséquent plus
chaud, anime, intéresse le spectateur,
& que l'action qui recueille le plus de
suffrages, est celle dont la marche n'est
point interrompue. Par exemple,
dans l'Opéra d'Isméne & Isménias, on
introduisit épisodiquement le Ballet
de *Médée & Jason*, de *M. Noverre*, (a)

_____

(a) Ce Ballet fut remis avec adresse sur notre Théatre,
par M. VESTRIS.

pour faire voir à Isménias tout le danger de l'amour, & pour l'éloigner de cette passion funeste; ce Ballet a reçu les éloges qu'il méritait, mais malgré la musique pleine de génie, de feu & d'agrément, il n'était plus possible d'en revenir au premier sujet.

Dans Azolan, même vice : cet Opéra, tiré d'un petit conte de M. de Voltaire, fut mis en trois actes; on imagina, pour donner au poëme plus de consistance, & pour engager Azolan à se livrer aux douceurs & aux charmes de l'amour, un Ballet de la cruelle catastrophe *d'Ariane,* qui se voit abandonnée par *Thésée.* Ce Ballet ne fut pas traité avec exactitude, puisque c'était Ariane qui courait après Bacchus, & l'on sait que dans la fable, ce Dieu vient la consoler; ce Ballet, dis-

je, quoique mal placé, fut reçu favo-
rablement du public, qui applaudit
au jeu charmant, naturel & expreſſif
de Mᶫᶫᵉ· Guimard, & de M. Veſtris,
bien ſecondé de la part du muſicien:
d'ailleurs une douzaine d'Amours,
quarante Danſeurs & Danſeuſes,
quatre-vingts Gardes-françaiſes,
ont rempli le Théatre, & ont pro-
duit du ſpectacle & de l'effet. Beaucoup de perſonnes étaient étonnées
que cet appareil, ſorti de la ſcène,
ſervît de mot du guet au public qui
délogeait auſſi, & ne reparaiſſait
qu'à la fête du dernier acte.

L'on doit être très-circonſpect
ſur le choix des actions, & l'on ne
doit choiſir que celles qui peuvent
ſe lier au ſujet principal; ce ne doit
être qu'un léger épiſode qui lui
soit

foit attaché, & qui même ferve à la faire marcher, il eft vrai qu'il eft difficile, en fuivant l'inimitable *Quinault*, d'en introduire fouvent, & quand on les veut combiner & raifonner, on trouve à chaque pas des écueils ; mais auffi quand ils naiffent du fujet, & quand ils font bien adaptés, quel avantage il en réfulte ! Ils fe foutiennent, fe font valoir mutuellement, & concourent à la beauté, à l'intérêt, & à l'enfemble de l'ouvrage.

Il eft quelques vices au fpectacle de l'Opéra, qu'il ferait effentiel de réformer ; mais mon fujet ne me permet pas d'entrer dans de longs détails qui feraient néceffaires. Je finirai par fupplier les perfonnes qui auront fait quelques remarques

F

fur le Ballet, de me les communiquer, ce fera me donner une preuve convaincante de l'intérêt qu'on prendra à mes faibles talens. Je n'ai d'autre défir que celui de m'éclairer, & de profiter des confeils des gens de goût.

Dans ce Ballet je n'ai eu d'autre but que de rappeller les vertus d'un Monarque bienfaifant, & d'une Reine fi juftement adorée. Heureux! fi j'ai fu peindre les fentimens d'un Roi qui ne refpire que pour le bonheur de fes Sujets, les larmes qu'il a verfées en montant fur le Trône, les acclamations de fes Peuples, le le choix de Miniftres fages & éclairés, & la protection accordée aux Sciences & aux Arts.

L'AVENEMENT

DE

TITUS A L'EMPIRE,

BALLET ALLÉGORIQUE

PERSONNAGES.

VESPASIEN, Empereur.

TITUS, fils de Vespasien.

UN GÉNIE Bienfaisant.

DIVINITÉS Favorables.

DIVINITÉS Malfaisantes.

L'AMOUR.

L'HYMEN.

LE DESTIN.

LE TEMS.

LES PARQUES.

LES GRACES, LES PLAISIRS, LES JEUX ET LES RIS.

NYMPHES Aëriennes.

CONSULS, SÉNATEURS, PRÉTORIENS, PLÉBÉIENS.

PONTIFES.

CHEVALIERS ROMAINS.

DAMES ROMAINES.

LUTTEURS, GLADIATEURS.

SOLDATS.

PLEUREUSES.

JOUEURS D'INSTRUMENS, &c

L'AVENEMENT

DE

TITUS A L'EMPIRE,

BALLET HISTORIQUE

ET ALLÉGORIQUE.*

ACTE I.

*L*E *Théatre repréfente une Salle du Palais des Empereurs ; fur la droite eft placé un Lit à l'antique , entouré de trophées & de*

---

* Ce Ballet fut compofé & préfenté à la Reine, à Choifi, deux mois après le nouveau regne. J'ai, pour le mettre au jour, attendu jufqu'à ce moment, où il a été décidé qu'il n'y auroit point de Fêtes à l'occafion du Sacre.

drapeaux. Vespasien est sur ce Lit; Titus est debout, la tête appuyée sur un des trophées. Le Génie bienfaisant est à ses côtés, & le reste de la Salle est rempli de Sénateurs, de Plébéiens & de Gardes.

SCENE PREMIERE.

Titus au désespoir, déplore la perte prochaine d'un Père qu'il aime tendrement : on le voit plongé dans la plus vive douleur, qu'il manifeste par ses soupirs & ses larmes ; le Génie bienfaisant paraît s'attendrir sur son sort : les Romains sont consternés.

Vespasien, se voyant près de mourir, demande son Fils, qui se jette dans ses bras ; il recommande au Génie de ne point abandonner sa jeunesse ; il montre aux Romains celui qui doit lui succéder, & leur demande leur attachement pour lui. A ce trait de tendresse ils font connaître ce qu'ils espèrent du jeune Prince, & d'une voix unanime ils le reconnaissent pour Empereur. Vespasien satisfait, embrasse son Fils, qui tombe presque évanoui.

SCENE II.

LE Théatre s'obscurcit, on entend un bruit souterrein, & l'on voit paraître au fond de la salle le Destin, le Tems & les Parques.

Le Destin s'approche ; Vespasien frissonne : Titus se précipite pour détourner le coup. Il se jette à ses pieds : mais le Destin lui déclare que telle est sa volonté irrévocable. Les Parques s'avancent en tremblant, & le Tems porte le coup. Un cri subit se fait entendre. Titus livré au plus cruel désespoir, se jette sur son Père, le baigne de ses larmes & par un nouvel effort il cherche à le rappeller à la vie.

Les Parques se retirent avec le Tems & le Destin, & ils expriment combien ils sont touchés de ce spectacle.

SCENE III.

Les Sénateurs, fidéles à leurs engage-
mens, rendent hommage à Titus. L'excès
de fa douleur le rend infenfible. Le Génie
bienfaifant l'arrache des bras de fon Père
qu'il ne peut quitter.

Les Romains s'éloignent, affligés de ce
malheur.

Nota. Cet Acte paraîtra peut-être cruel, mais en fait
d'action, les tableaux doivent être traités avec force &
énergie, fans quoi l'on devient froid & ennuyeux. D'ailleurs les Ballets d'action reffemblent affez aux Tragédies
grecques, où l'on introduifait une foule de Divinités auffi
cruelles : l'on verra que cette fituation m'était de toute
néceffité pour le plan de l'Ouvrage : & il faut la regarder
comme une ombre placée exprès pour faire reffortir le
refte du tableau avec plus d'éclat.

ACTE II.

LE *Théatre repréſente le Champ de Mars; au milieu paraît un édifice en forme de bûcher, compoſé de cinq étages, toujours en diminuant & formant une eſpèce de pyramide. Sur le dernier étage eſt poſé le Char de l'Empereur; il eſt couvert de drap d'or, de compartiment d'yvoire & de riches peintures.*

SCENE PREMIERE.

UNE Muſique funébre ouvre la Scène, & l'on voit au fond du Théatre le Cortége s'avancer.

ORDRE DE LA MARCHE.

Pluſieurs joueurs de Flûte.

Un corps de Troupes, portant les Statues des plus illuſtres Romains.

Les Figures en manière de bronze, qui repréfentent les Provinces fujettes à l'Empire.

Les Images de ceux qui fe font diftingués par leurs vertus & leurs talens.

Des Chevaliers à cheval portant des Trophées.

Des Soldats portant l'Autel.

Des Pontifes.

La Figure de l'Empereur portée fur un lit d'yvoire par des Chevaliers Romains.

Titus & le Génie bienfaifant.

Sénateurs, Prétoriens, Plébéiens, Affranchis.

Dames Romaines vétues en blanc.

Les Chars qui doivent faire des courfes.

De jeunes Chevaliers qui doivent faire plufieurs évolutions militaires.

Des Troupes fous les armes qui ferment le cortége.

Pendant que tout le monde fe place, les Chevaliers remettent la Statue de l'Empereur aux Pontifes, qui la placent fur le fecond étage du bûcher, & l'on l'on offre des sacrifices de toutes parts. Les Chevaliers à cheval font quelques évolutions militaires, ensuite on exécute la Pyrrhique ; enfin il y a des courses de Chars, dont les conducteurs font vétus de Robes de pourpre.

Après ces jeux, Titus, toujours plongé dans le plus grand accablement, prend le flambeau, & accompagné des principaux Magistrats, il met le feu au bûcher, qui s'enflamme : on en voit sortir un Char dans lequel est Vespasien, qui prend son vol dans les nues.

Tout le monde s'incline jusques au moment où il disparaît ; alors on reprend la marche dans le même ordre, & l'on se retire.

G

SCENE II.

Le Théatre change & repréfente une falle du Palais, où eft placé fur une table le Bufte de Vefpafien.

Titus, fuivi de tous les Romains, arrive & les prie de le laiffer tout entier à fa douleur. L'on obéit en le plaignant d'être auffi tendre.

SCENE III.

Son premier foin eft de voler au Bufte de fon Père : il gémit, il verfe des pleurs, & donne les marques de la plus grande tendreffe ; fa douleur accable fes fens, il fe défait de fes ornemens & fe jette fur un fiège où il s'affoupit.

SCENE IV.

Le Génie, qui cherchait depuis long-tems le moment où il pût enlever Titus sans qu'il s'en apperçût, arrive & profite de son sommeil pour le transporter dans son Palais.

Le siège où il est assis se change en un nuage qui le porte dans les airs.

ACTE III.

Le Théatre change & représente le Palais du Génie, en colonnes, & entouré de Jardins agréables.

SCENE PREMIERE.

Titus est sur un sopha endormi ; le Génie est à l'un des côtés avec des Nymphes aëriennes, & de l'autre sont les Divinités favorables.

Une Symphonie mélodieuse se fait entendre; l'Amour descend dans une gloire avec les Graces & les Plaisirs. Le Génie le reçoit avec transport & l'engage, en lui montrant Titus, d'user de son pouvoir pour le distraire de ses chagrins, en le rendant sensible & en faisant son bonheur. L'Amour saisit avec transport l'occasion d'embellir sa Cour; il rêve un moment, & après avoir imaginé le moyen de le toucher, en excitant ses désirs; il sort, suivi des Graces, des Plaisirs, des Nymphes aëriennes, & regarde d'un air satisfait un cœur qui lui sera bientôt soumis.

SCENE II.

Titus se réveille; il regarde avec étonnement le Palais du Génie qui jouit de sa surprise: il vient à lui & lui présente les Divinités favorables qui désirent le guider dans le cours de son règne. Le jeune Prince est touché d'une telle faveur

& leur donne des marques de la plus grande reconnaissance.

<hr>

SCENE III.

Les Plaisirs arrivent en dansant, l'Amour les suit sous la forme d'un petit Génie : il présente à Titus des fleurs, dont le parfum enyvre ses sens. Il profite de ce moment pour faire avancer les Nymphes, dont l'une sous la forme de Vénus, représente la Beauté ; l'autre la Sagesse, sous l'habit de Minerve ; celle-là la Fierté, sous la figure de Diane ; celle-ci avec les attributs d'Hébé, représente la Jeunesse ; une autre la Tendresse, sous les traits de l'Aurore ; enfin l'Equité, sous ceux de Thémis ; l'Enjouement, sous ceux de Terpsichore.

Au milieu d'objets si flatteurs, Titus ne sait quel feu secret s'empare de son cœur. Le bouquet enchanté le comble de désirs : il voudrait faire un choix, mais leurs beautés s'effacent entr'elles, & il ne sait à qui donner la préférence.

Les Nymphes l'invitent à se mêler à leurs plaisirs; il y est entraîné sans s'en appercevoir : le hazard lui fait unir la Beauté & la Sagesse; cet ensemble paraît le charmer. Hébé, jalouse, veut l'effacer par son éclat; mais sa fraicheur & sa jeunesse y prêtent un nouveau charme; toutes à l'envi se réunissent aux trois autres, & ne forment plus qu'un seul grouppe qui l'enchante : il vole à l'Amour, au Génie, & aux Divinités favorables; il leur montre ses transports. Ils prennent part à sa joie, & l'Amour sourit, feignant d'ignorer son ouvrage. Titus rêve, soupire, le regarde, & voudrait trouver cet heureux assemblage dans une seule personne. Il demande au Génie bienfaisant d'accomplir ses souhaits; mais il lui répond que c'est au-dessus de son pouvoir, mais non pas au-dessus de celui de l'Amour qu'il montre. Le jeune Prince vole à lui, l'implore vivement; ce Dieu paraît hésiter, & redouble ses instances; il en est touché, & après avoir ajouté les graces au tableau, il se fait reconnaître, & d'une flèche qu'il décoche, le grouppe disparaît & fait place à la Statue ressemblante à l'Auguste Princesse qui doit faire le bonheur de Titus & de l'Empire.

Le jeune Prince est transporté : il vole à cette heureuse image ; mais il est interdit lorsqu'il s'apperçoit qu'elle est insensible. Il s'en plaint à l'Amour & le conjure d'achever son ouvrage.

L'Amour anime la Statue & lui fait entendre qu'elle est formée pour Titus.

Ce jeune Prince est au comble du bonheur, il n'a plus qu'une grace à demander, c'est de ne jamais être séparé de cet objet précieux.

Cependant le Génie bienfaisant lui annonce qu'il est tems de se montrer aux Romains, & qu'il se sépare pour quelques momens de celle qui le charme ; il n'y peut consentir : l'Amour lui commande d'obéir, & lui jure que dans peu il comblera ses vœux. Titus se soumet, & le Génie le place dans son Char avec les Divinités favorables ;

l'Amour renouvelle ſon ſerment, & em-
mene avec lui la jeune Princeſſe & les
Plaiſirs.

ACTE IV.

L E *Théatre repréſente une galerie ornée
de tous les attributs des Sciences & des
Arts.*

SCENE PREMIERE.

T I T U S s'occupe avec les Divinités
bienfaiſantes, à parcourir ſur un globe la
vaſte étendue dont il eſt le maître ; une
d'elles lui préſente une Balance, attribut
de la Juſtice, & lui fait entendre qu'il doit
toujours s'en ſervir, s'il veut rendre ſes
ſujets heureux ; une autre lui offre le
Miroir de la vérité, & l'engage à le con-
ſulter ſouvent.

SCENE

SCENE II.

Il est interrompu par l'arrivée des Divinités malfaisantes, l'Envie, le Soupçon, la Haine, la Vengeance, le Désespoir ; toutes reconnaissables, quoique couvertes d'un voile ; elles sont cependant déguisées sous les habits les plus agréables.

Elles se présentent à lui sous les déhors trompeurs de la douceur. Elles lui offrent en tremblant des présens empoisonnés, qu'il reçoit avec bonté ; mais leur air embarrassé, leur regard, leur contenance lui font naître de la défiance : il les examine d'un œil attentif & pénétrant ; il s'apperçoit, lorsque l'Envie fait des efforts pour le subjuguer, que ses compagnes menacent les Divinités favorables, & veulent les enchaîner. Alors ne pouvant plus douter de leurs perfides desseins, il s'en éloigne, elles s'obstinent à vouloir l'entourer ; mais il les repousse, leur arrache leur voile, &

H

recule d'horreur : il se jette entre les bras des Divinités favorables. Les autres se livrent à la fureur la plus grande ; il se livre un combat, mais on les poursuit, & on les précipite dans l'abîme d'où elles étoient sorties.

SCENE III.

TITUS délivré de ses ennemis, exprime sa reconnaissance & sa joye aux Divinités favorables, de ce qu'elle ne l'ont point abandonné dans un moment aussi critique pour sa jeunesse.

SCENE IV.

ON entend les cris du peuple, impatient de proclamer Titus.

Les principaux Romains viennent annoncer qu'on l'attend dans la place, pour célébrer son Couronnement & son Triomphe.

Il sort suivi des Divinités favorables, & des Romains.

ACTE V.

LE Théâtre représente la place publique, décorée de tout ce qui est relatif à un Couronnement & à un Triomphe (1).

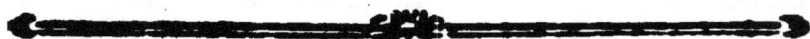

SCENE PREMIERE

L'ACTE commence par une multitude de peuple qui se répand dans les places assignées pour eux. Après eux la marche. Titus, au milieu de la pompe d'un Triom-

---

(1) J'ai cru nécessaire, pour la beauté du Spectacle, de joindre au Couronnement, le Triomphe que l'on a accordé à Titus, après la guerre de la Judée & de la prise de Jérusalem ; d'ailleurs la manière de proclamer les Empereurs, n'offre rien de Théâtral, sur-tout en pantomime.

phe, paraît dans un Char, entouré des Divinités favorables. A fa fuite font tous les Prifonniers remarquables de la guerre de la Judée, enchaînés à fon Char (1), & le Cortége eft terminé par les Troupes Romaines.

Titus defcend de fon Char, on le place fur un Trône, où il eft proclamé Empereur au fon des inftrumens militaires & des cris du peuple.

On offre de tous côtés des facrifices.

SCENE II.

L'Amour accompagné de l'Hymen, des Plaifirs & des Graces, defcend dans une gloire avec l'objet des vœux de Titus; le Génie paraît en même tems dans des nuages entouré de Divinités qui préfident aux Arts.

---

(1) Je me fuis cru difpenfé de décrire cette marche; on fait que rien n'était fi pompeux, & fi impofant que cette cérémonie.

Les Romains, à la vue de l'augufte Époufe deftinée à l'Empereur, ne peuvent contenir leurs tranfports ; ils le prouvent par leur admiration, & remercient le Fils de Vénus d'un tel préfent. L'Amour & l'Hymen s'avancent vers Titus, & le font monter dans la gloire, où eft un Autel préparé pour l'union des deux Époux.

Tandis que l'Hymen & l'Amour s'occupent du Mariage, les Arts travaillent aux Médaillons de l'Empereur & de l'Impératrice : ils gravent ces mots remarquables de Titus & de Louis XVI : *Je n'ai fait aucun bien, j'ai perdu ma journée; mon défir le plus grand eft de rendre mon peuple heureux* (1).

La Renommée paraît s'en emparer, les publie & les porte avec les Médaillons au Temple de Mémoire.

---

(1) Ce furent les mots que le Roi prononça à Choifi ; quand il tint le premier Confeil ; on ne faurait trop fe les rappeller. C'eft le premier élan du cœur qui peint le caractère.

Les Plaifirs, les Ris, les Jeux, les Graces, les Chevaliers Romains, & les Dames Romaines, exécutent un Ballet pompeux pour célébrer cette illuftre Fête ; l'Amour & l'Hymen, pendant ce tems, s'occupent à graver fur une pyramide que les Arts ont élevée, cette infcription :

L'Amour & l'Hymen font à jamais unis.

Le Génie bienfaifant grave fur une autre :

Titus fit les délices de fes Sujets. Sa mémoire eft refpectée chez tous les Peuples de l'Univers.

F I N.

APPROBATION DU CENSEUR ROYAL.

J'A I lu, par l'ordre de Monfeigneur le Garde des Sceaux, le Manufcrit intitulé : *l'Avènement de Titus à l'Empire, Ballet Allégorique, au fujet du Couronnement du Roi, &c.* Le deffin noble & grand de ce Ballet m'a paru le fruit des talens & des connoiffances de M. GARDEL. Je n'y ai obfervé rien qui n'en doive favorifer l'impreffion. Donné à Paris, ce 26 d'Août 1775.

PHILIPPE DE PRÉTOT.